Cornelia Haas · Ulrich Renz

Mon plus beau rêve

قشنگ‌ترین رویای من

Livre bilingue pour enfants

avec livre audio et vidéo en ligne

Traduction:

Martin Andler (français)

Sadegh Bahrami, Bahar Talai (persan (farsi))

Livre audio et vidéo :

www.sefa-bilingual.com/bonus

Accès gratuit avec le mot de passe:

français: **BDFR1527**

persan (farsi): **BDFA1510**

Lulu n'arrive pas à s'endormir. Tous les autres rêvent déjà – le requin, l'éléphant, la petite souris, le dragon, le kangourou, le chevalier, le singe, le pilote. Et le bébé lion. Même Nounours a du mal à garder ses yeux ouverts.

Eh Nounours, tu m'emmènes dans ton rêve ?

لولو خوابش نمی‌برد. بقیه خیلی وقت است که دارند خواب می‌بینند، کوسه‌ماهی، فیل، موش کوچولو، اژدها،کانگورو، شوالیه، میمون، خلبان و بچه‌شیر. حتی خرسه هم تقریباً چشم‌هایش بسته شده است...

هی خرسه، من را هم می‌بری به خوابت؟

Tout de suite, voilà Lulu dans le pays des rêves des ours. Nounours attrape des poissons dans le lac Tagayumi. Et Lulu se demande qui peut bien vivre là-haut dans les arbres ?

Quand le rêve est fini, Lulu veut encore une aventure. Viens avec moi, allons voir le requin ! De quoi peut-il bien rêver ?

و حالا لولو در سرزمین رویاهای خرس‌ها است. خرسه از دریاچه‌ی تاگایومی ماهی می‌گیرد.

و لولو با تعجب از خودش می‌پرسد، چه کسی آن بالا توی درخت‌ها زندگی می‌کند؟

رویا که تمام می‌شود، لولو هنوز هم دلش ماجراهای بیشتری می‌خواهد. بیا برویم به دیدن کوسه‌ماهی! یعنی او چه خوابی دارد می‌بیند؟

Le requin joue à chat avec les poissons. Enfin, il a des amis ! Personne n'a peur de ses dents pointues.

Quand le rêve est fini, Lulu veut encore une aventure. Venez avec moi, allons voir l'éléphant ! De quoi peut-il bien rêver ?

کوسه‌ماهی دارد با بقیه ماهی‌ها، قایم‌باشک بازی می‌کند. بالاخره دوست پیداکرده است! هیچ‌کس از دندان‌های تیزش نمی‌ترسد.

رویا که تمام می‌شود، لولو هنوز هم دلش ماجراهای بیشتری می‌خواهد. بیایید برویم به دیدن فیله! یعنی او چه خوابی دارد می‌بیند؟

L'éléphant est léger comme une plume et il peut voler ! Dans un instant il va se poser dans la prairie céleste.

Quand le rêve est fini, Lulu veut encore une aventure. Venez avec moi, allons voir la petite souris. De quoi peut-elle bien rêver ?

فیله مثل یک پر سبک شده است و می‌تواند پرواز کند! بعد روی دشتی در آسمان فرود
می‌آید.

رویا که تمام می‌شود، لولو هنوز هم دلش ماجراهای بیشتری می‌خواهد. بیایید برویم به دیدن
موش کوچولو! یعنی او چه خوابی دارد می‌بیند؟

La petite souris visite la fête foraine. Ce qui lui plaît le plus, ce sont les montagnes russes.

Quand le rêve est fini, Lulu veut encore une aventure. Venez avec moi, allons voir le dragon. De quoi peut-il bien rêver ?

موش کوچولو در حال تماشای شهربازی است! بیشتر از همه از ترن هوایی خوشش می‌آید. رویا که تمام می‌شود، لولو هنوز هم دلش ماجراهای بیشتری می‌خواهد. بیایید برویم به دیدن اژدها! یعنی او چه خوابی دارد می‌بیند؟

Le dragon a soif à force de cracher le feu. Il voudrait boire tout le lac de
limonade !

Quand le rêve est fini, Lulu veut encore une aventure. Venez avec moi,
allons voir le kangourou. De quoi peut-il bien rêver ?

اژدها از بس آتش بیرون داده است، تشنه است. دلش می‌خواهد تمام دریاچه‌ی لیموناد را تا ته بنوشد.

رویا که تمام می‌شود، لولو هنوز هم دلش ماجراهای بیشتری می‌خواهد. بیایید برویم به دیدن کانگورو! یعنی او چه خوابی دارد می‌بیند؟

Le kangourou sautille dans la fabrique de bonbons et remplit sa poche.
Encore plus de ces bonbons bleus ! Et plus de sucettes ! Et du chocolat !
Quand le rêve est fini, Lulu veut encore une aventure. Venez avec moi,
allons voir le chevalier ! De quoi peut-il bien rêver ?

کانگورو در کارخانه آب‌نبات‌سازی بالا و پایین می‌پرد و کیسه اش را پر می‌کند. بازهم بیشتر از آب‌نبات‌های آبی رنگ! از آب‌نبات چوبی‌ها! و از شکلات‌ها!

رویا که تمام می‌شود، لولو هنوز هم دلش ماجراهای بیشتری می‌خواهد. بیایید برویم به دیدن شوالیه! یعنی او چه خوابی دارد می‌بیند؟

Le chevalier a une bataille de gâteaux avec la princesse de ses rêves. Ouh-la-la, le gâteau à la crème a râté son but !

Quand le rêve est fini, Lulu veut encore une aventure. Venez avec moi, allons voir le singe ! De quoi peut-il bien rêver ?

شوالیه و شاهزاده‌ی رویاهایش دارند به هم کیک پرتاب می‌کنند. اوه! کیک خامه‌ای از بیخ گوشش رد شد!

رویا که تمام می‌شود، لولو هنوز هم دلش ماجراهای بیشتری می‌خواهد. بیایید برویم به دیدن میمون! یعنی او چه خوابی دارد می‌بیند؟

Il a enfin neigé au pays des singes. Toute leur bande est en folie, et fait des bêtises.

Quand le rêve est fini, Lulu veut encore une aventure. Venez avec moi, allons voir le pilote ! Sur quel rêve a-t-il pu se poser ?

بالاخره در سرزمین میمون‌ها برف باریده است! کلِ دارودسته‌ی میمون‌ها حسابی ذوق‌زده شده‌اند و دارند دیوانه‌بازی درمی‌آورند.

رویا که تمام می‌شود، لولو هنوز هم دلش ماجراهای بیشتری می‌خواهد. بیایید برویم به دیدن خلبان! یعنی در کدام رویا فرود آمده است؟

Le pilote vole et vole. Jusqu'au bout du monde, et encore au delà,
jusqu'aux étoiles. Jamais aucun pilote ne l'avait fait.

Quand le rêve est fini, ils sont déjà tous très fatigués, et n'ont plus trop
envie d'aventures. Mais quand même, ils veulent encore voir le bébé lion.
De quoi peut-il bien rêver ?

خلبان پرواز می‌کند و بازهم پرواز می‌کند. تا آخر دنیا و ازآنجا هم باز جلوتر تا ستاره‌ها. تا حالا هیچ خلبانی نتوانسته این کار را بکند.

رویا که تمام می‌شود، همه حسابی خسته هستند و دیگر نمی‌خواهند دنبال ماجراهای بیشتر بروند. اما هنوز می‌خواهند به دیدن بچه‌شیر هم بروند. یعنی او چه خوابی دارد می‌بیند؟

Le bébé lion a le mal du pays, et voudrait retourner dans son lit bien chaud et douillet.

Et les autres aussi.

Et voilà que commence ...

بچه‌شیر دلش برای خانه تنگ شده است و می‌خواهد برگردد به تختخواب گرم و نرم.

بقیه هم همینطور.

و تازه اینجاست ...

... که شروع می‌شود...

... le plus beau rêve
de Lulu.

... قشنگ‌ترین رویای لولو.

Les auteurs

Cornelia Haas est née en 1972 à Ichenhausen près d'Augsbourg. Après une formation en apprentissage de fabricant d'enseignes et de publicités lumineuses, elle a fait des études de design à l'université de sciences appliquées de Münster où elle a obtenu son diplôme. Depuis 2001, elle illustre des livres pour enfants et adolescents, depuis 2013, elle enseigne la peinture acrylique et numérique à la à l'université de sciences appliquées de Münster.

Ulrich Renz est né en 1960 à Stuttgart (Allemagne). Après des études de littérature française à Paris, il fait ses études de médecine à Lübeck, puis dirige une maison d'édition scientifique et médicale. Aujourd'hui, Renz écrit des essais et des livres pour enfants et adolescents.

Tu aimes dessiner ?

Voici les images de l'histoire à colorier :

www.sefa-bilingual.com/coloring

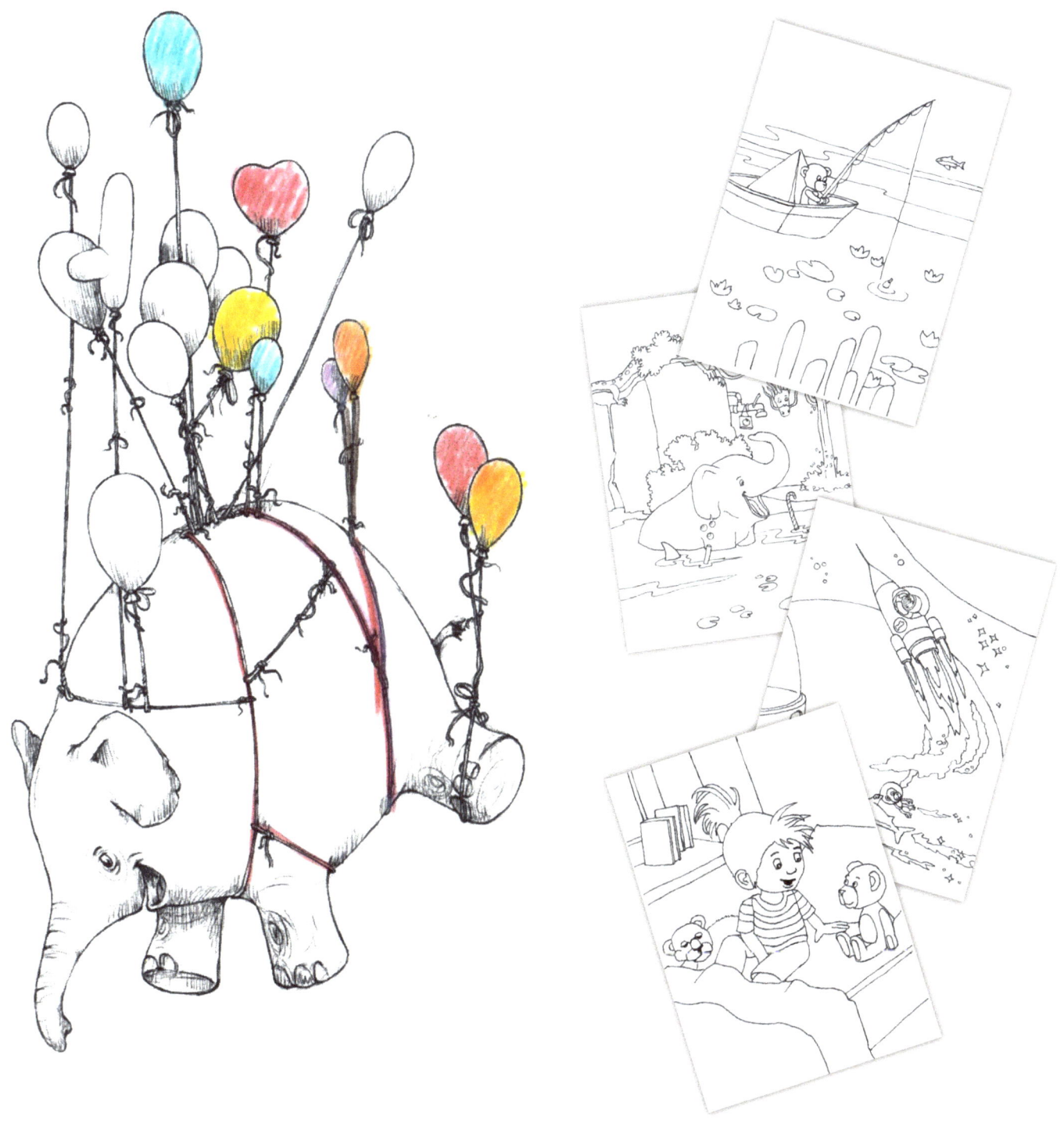

Dors bien, petit loup

راحت بخواب، گرگ کوچک

Ulrich Renz / Barbara Brinkmann

français   bilingue   persan (farsi)

Dors bien, petit loup

À lire à partir de 2 ans

avec livre audio et vidéo en ligne

Tim ne peut pas s'endormir. Son petit loup n'est plus là ! Est-ce qu'il l'a oublié dehors ?
Tout seul, il part dans la nuit – et rencontre des compagnons inattendus ...

Disponible dans vos langues?

► Consultez notre „Assistant Langues" :

www.sefa-bilingual.com/languages

Ulrich Renz · Marc Robitzky

Les cygnes sauvages

قوهای وحشی

D'après un conte de fées de

Hans Christian Andersen

+ audio + video

français   bilingue   persan (farsi)

Les cygnes sauvages

D'après un conte de fées de Hans Christian Andersen

Âge de lecture : 4-5 ans et plus

„ Les cygnes sauvages », de Hans Christian Andersen, n'est pas pour rien un des contes de fées les plus populaires du monde entier. Dans un style intemporel, il aborde les thématiques du drame humain : peur, courage, amour, trahison, séparation et retrouvailles.

Disponible dans vos langues?

► Consultez notre „Assistant Langues" :

www.sefa-bilingual.com/languages

Special thanks for his IT support to our son, Paul Bödeker, Freiburg, Germany

ISBN: 9783739962955